LE CARNAVAL
DU PARNASSE,
BALLET-HEROÏQUE,

REPRÉSENTÉ,

POUR LA PREMIERE FOIS,

PAR L'ACADEMIE-ROYALE *DE MUSIQUE,*

Le 23 Septembre 1749.

Repris le Mardi 22 *Mai* 1759.

Et remis au Théâtre le Mardi 30 Juin 1767.

PRIX XXX. SOLS.

AUX DÉPENS DE L'ACADÉMIE.

A PARIS, Chés DE LORMEL, Imprimeur de ladite Académie, rue du Foin, à l'Image Sainte Geneviève.

On trouvera des Livres de Paroles à la Salle de l'Opera.

M. DCC. LXVII.

AVEC APPROBATION ET PRIVILEGE DU ROI.

Le Poeme est de FUZELIER.

La Musique de M. DE MONDONVILLE.

ACTEURS CHANTANTS
DANS LES CHŒURS.

Côté du Roi.		Côté de la Reine.	
Mesdemoiselles.	*Messieurs.*	*Mesdemoiselles.*	*Messieurs.*
Durand.	Albert.	Dagée.	Chicot.
La Croix.	Tourcati.	Duprat.	Vaudemont.
Delor.	L'Ecuyer.	Lebourgeois.	Cailteau.
Guillaume.	Bourdon.	Jouette.	Héri.
Delaiſtre.	Paris.	Ollivier.	Vatelin.
Beauvais.	Lecoutre.	Chenais.	Lagier.
Fontenet.	Roſe.	Legrand.	Vanheke.
Friard.	Robin.	Adélaïde.	Boi.
Héri.	Antheaume.	Hebert.	Laurent.
De Fontebles.	Méon.	Deſroſieres.	Dupar.
St. Leger.	Botſon.	Dalincour.	Huet.
Lemaire.	Cleret.	De Bagé.	Galli.
Beauſſe.	Beghain.		Martin.

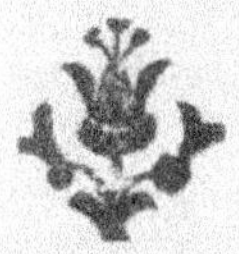

ACTEURS DU PROLOGUE.

CLARICE,	Mlle. Beaumesnil.
FLORINE,	Mde. Larrivée.
DORANTE,	M. Durand.
UN BERGER,	M. Legros.
BERGERS, *jouant des Instruments*,	Mrs. Bureau. Richard.

BERGERS & BERGERES.

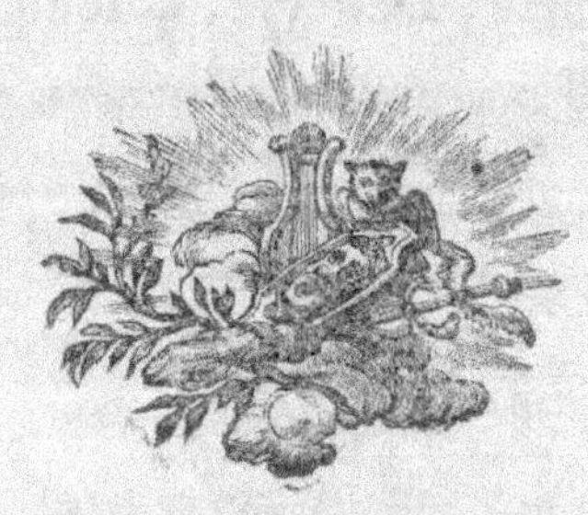

PERSONNAGES DANSANTS
DU PROLOGUE
JARDINIERS & JARDINIERES.

Mlle. GUIMARD.

M. SIMONIN, Mlle. DUPEREI.

Mrs. Trupti, Leger, Dossion, Lani, 1., Granier, Gardel, c., Liesse, Despréaux, Caster, Martinet, Lani, 2., Aubri.

Mlles. Dervieux, Audinot, Leroi, Leclerc, Vernier, Lahaie, Dauvilliers, Delfevre, Lafond, Isoire, Larie, Chassaigne, Mimi, Riviere, Hidoux, Laudheumier.

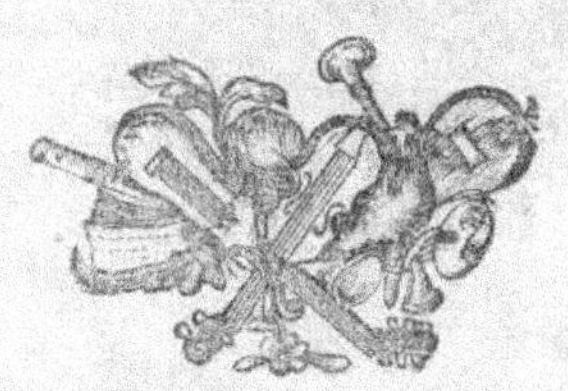

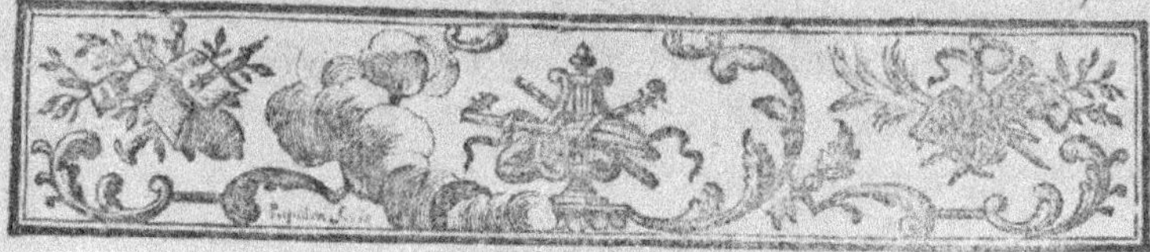

LE CARNAVAL DU PARNASSE, BALLET-HÉROIQUE.

PROLOGUE.

Le Théâtre représente un Jardin orné.

SCÊNE PREMIERE.

CLARICE, *seule.*

QUE ce beau jour promet d'heureux inſtants !
Qu'avec plaiſir ſur ces bords on s'arrête !
Les bergers vont ici célébrer le Printems,
Et déja les oiſeaux en annoncent la fête.

Ruiſſeaux, qui parcourés ces valons enchantés,
Que votre doux murmure & vos flots argentés
Pour les tendres cœurs ont de charmes !
Vous raſſemblés les jeux, l'innocence & la paix,

L'Amour ſeul fait rêver ſur vos rivages frais,
Des amants malheureux vous calmés les allarmes.

(*On entend un prélude.*)

Oiſeaux, habitants de ces bois,
Florine vient du chant vous diſputer la gloire:
La légéreté de ſa voix
Pourra lui donner la victoire.

SCÊNE II.

CLARICE, FLORINE.

FLORINE.

AUgelleti voi amate
Sempre cantate
Siete troppo fortunati
A noi ſe amore
Punge il core
Sol comparte ſoſpiri e pianti.

PARAPHRASE DE L'AIR ITALIEN.

» Que vous êtes heureux, Oiſeaux! ſous ce feuillage,
» En aimant, vous chantés toûjours.
» Et dans nos plus tendres amours
» Nous n'avons bien ſouvent que les pleurs pour
» partage.

CLARICE.

CLARICE.

Quoi, toûjours du léger ?

FLORINE.

Et, vous, toûjours du tendre.

CLARICE.

On plaît, on attendrit par des accords touchants.

FLORINE.

On étonne, on ſéduit par de rapides chants ;
A leurs attraits il faut ſe rendre.

CLARICE.

Le chant doit nous flatter.

FLORINE.

Le chant doit nous ſurprendre.

ENSEMBLE.

Pouvés-vous me le diſputer ?

FLORINE.

On aime le léger.

CLARICE.

On aime mieux le tendre.

SCENE III.

DORANTE, FLORINE, CLARICE.

DORANTE.

LEs plaiſirs en ces lieux viennent ſe préſenter ;
Ils vous offriront un hommage,
Qui de vos goûts divers fait briller l'aſſemblage.

DORANTE, FLORINE, CLARICE.

L'ennui ſuit bientôt les deſirs,
Quand ils ont obtenu les biens les plus aimables ;
Il faut varïer les plaiſirs
Pour les rendre durables.

(*On entend un prélude.*)

DORANTE.

Écoutons nos bergers, ils ſe raſſemblent tous ;
Les champêtres plaiſirs ne ſont pas les moins doux.

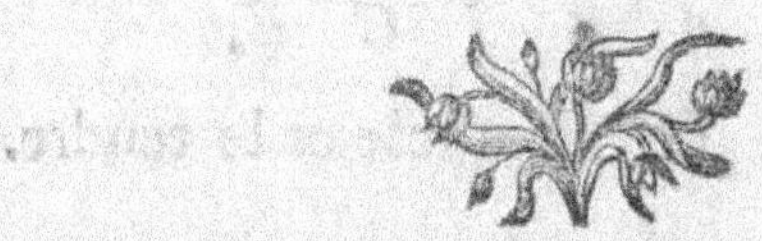

SCÈNE IV.

DORANTE, FLORINE, CLARICE, BERGERS, BERGERES, JARDINIERS.

LE CHŒUR.

PRintems, dans nos bocages
Viens, remplis nos desirs;
Sous tes naissants feuillages
Viens payer nos soûpirs.
Rend-nous les zéphirs,
Les rossignols & leurs ramages;
Rends-nous les zéphirs,
Les ris, les jeux & les plaisirs.

(On danse.)

LE CHŒUR.

Que ton retour assûre
De précïeux moments!
Qu'il naît sous la verdure
De tendres sentiments!
Dans tes jours charmants,
Que les ruisseaux & leur murmure,
Dans tes jours charmants,
Enchantent les heureux amants!

(On danse.)

CLARICE.

Le Printems ſeul nous procure
Des plaiſirs toûjours divers :
Flore reprend ſa parure,
Que d'appas nous ſont offerts !
Des ruiſſeaux l'onde murmure,
Zéphire adoucit les airs.
Les oiſeaux, ſous la verdure,
Font entendre leurs concerts.
Le Printems ſeul nous procure
Ces plaiſirs toûjours divers :
C'eſt l'amant de la Nature,
Il enchante l'Univers.

(*On danſe.*)

FLORINE.

Le Papillon infidele
Près de la fleur la plus belle
Ne peut jamais s'arrêter.
Amants, qui cherchés à plaire,
Gardés-vous de l'imiter
Dans ſa tendreſſe legere.

L'amant qui perſévere
Se fait ſeul écouter.
L'amant qui perſévere
Mérite ſeul de remporter
Les couronnes de Cithere.

UN BERGER, & le CHŒUR.

Célébrons le Printems, que toutes nos Musetes
Annoncent son retour :
Qu'avec les jeux & l'Amour
Il regne dans nos retraites :
C'est la saison des fleurs,
Des plaisirs & des cœurs.
Célébrons, *&c.*

(*On danse.*)

FIN DU PROLOGUE.

ACTEURS.

MOMUS,	M. Larrivée.
APOLLON, *déguisé en berger*,	M. Legros.
THALIE,	Mde. Larrivée.
LICORIS, *bergere*,	Mlle. Beaumesnil.
EUTERPE,	Mlle. Dubrieulle.
UN SUIVANT D'EUTERPE,	M. Durand.
UNE SUIVANTE *de* TERPSICORE,	Mlle. Dubrieulle.
UN VIEILLARD,	M. Cuvillier.
UNE VIEILLE,	Mlle. Dubrieulle.

SUITE DE MOMUS,
SUITE DE THALIE, } *Caractérisées par la Comédie Françoise, la Comédie Italienne, &c.*

DIEUX ET DÉESSES.

LE TEMS.

LES AGES, LES SAISONS.

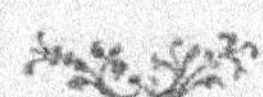

PERSONNAGES DANSANTS.

ACTE PREMIER.

PANTOMIMES.

BASTIEN, M. ROGIER. *BASTIENNE*, Mde. PITROT.
JANNOT, M. LE BRUN. *JANNETTE*, Mll. MION REI.

COMÉDIE FRANÇOISE.

	Messieurs.		*Mesdemoiselles.*
Crispin,	Giguet.	*Espagnolette*,	Gaudot.
Pasquin,	Larue.	*Soubrette*,	Adélaïde.
Thomas Diaphoirus,	Malter.	*Niaise*,	Lafond.
Le Baron de la Crasse,	Lani, 1.	*Madame de Sottenville*,	De Miré.
Leandre,	Caster.	*Isabelle*,	Leroi.

Un Page, M. Beaulieu.

COMÉDIE ITALIENNE.

	Messieurs.		*Mesdemoiselles.*
Arlequin,	Alix.	*Arlequine*,	Vernier.
Pantalon,	Trupti.	*Vénitienne*,	Dauvilliers.
Le Docteur,	Liesse.	*Bolonoise*,	Rei.
Scapin,	Despréaux.	*Mezetine*,	L'Huillier.
Scaramouche,	Riviere.	*Scaramouchette*,	St. Martin.
Pierrot,	Leger.	*Pierrette*,	Grandi.

ACTE SECOND.

GRACES.

Mlles. DERVIEUX, AUDINOT, LEROI.

ZÉPHIR, M. SIMONIN. *FLORE*, Mlle. DUPEREI.

PLAISIRS.

Mrs. Larue, Gambu, Alix, Gallet.

Mlle. Lahaie, Desribé, Hidoux, Riviere.

AMOURS.

Mrs. Beaulieu, Lebrun.

MARS, M. LIONNOIS.

	Messieurs.		*Mesdemoiselles.*
Céphale,	Trupti.	*L'Aurore*,	David.
Adonis,	Caster.	*Vénus*,	Dauvilliers.
Endimion,	Gardel, c.	*Diane*,	L'Huillier.
Pélée,	Liesse.	*Thétis*,	Delfevre.
Bacchus,	Granier.	*Érigone*,	Mimi.
Vertumne,	Lani, 1.	*Pomone*,	Dorsan.

ACTE TROISIEME.

TERPSICORE, Mlle. ALLARD.

CHASSEURS & CHASSERESSES.

M. RIVIERE, Mlle. GAUDOT.

Mrs. Trupti, Granier, Gardel, c., Liesse, Larue, Lani, 2.

Mlles. St. Martin, Rei, Grandi, David, Mimi, Lhuillier.

MASQUES GALANTS.

M. GARDEL.

M. DAUBERVAL, Mlle. PESLIN.

Mrs. Dubois, Dossion, Simonin, Caster.

Mlles. Dauvilliers, Lafond, Chassaigne, Isoire.

VIEILLARDS & VIEILLES.

Mrs. Malter, Lebrun, Gambu.

Mlles. Lahaie, Hidoux, Landheumier.

ENFANTS.

Mrs. Simonin, c., Ledoux, Lefevre.

Mlles. Audinot, c., Constance, Fortunée.

LE CARNAVAL

LE CARNAVAL DU PARNASSE,

BALLET-HÉROÏQUE.

ACTE PREMIER.

Le Théâtre représente le Mont-Parnasse & la Fontaine Hipocrêne.

SCENE PREMIERE.

MOMUS, seul.

PRÉCIPITÉS vos eaux, dangereuse Hipocrêne,
Coûlés moins lentement dans le double Vallon ;
Fuyés, dérobés-vous à la soif inhumaine

De plus d'un enfant d'Apollon;
Et, par pitié pour nous, laissés tarir leur veine.

SCÈNE II.

MOMUS, APOLLON, *déguisé en berger.*

MOMUS.

Sous l'habit d'un berger c'est Apollon! o Cieux!
Va-t-il retourner chés Admete?
Phœbus, le Dieu des vers se déguiseroit mieux,
S'il préféroit au fer de la houlette
Du redoutable Mars le fer victorïeux.

APOLLON.

Quelque déguisement que Momus voulût prendre,
Bien tôt à le connoître on seroit parvenu:
Mais, sans se déguiser, s'il vouloit nous surprendre,
Il n'auroit qu'à louër, il seroit méconnu.

MOMUS.

Le flateur Apollon emprunte mon langage?

APOLLON.

A badiner la saison nous engage;
Nous allons commencer nos jeux:
Les Muses vont bien-tôt, sous ce charmant ombrage,

Faire briller leurs chants, & répondre à mes vœux ;
Nous bannirons les ſoins & les ennuis fâcheux.

MOMUS.

Peut-on bannir l'ennui des lieux qui l'ont vû naître ?
Le Parnaſſe fut ſon berceau.

APOLLON.

Pour ſuſpendre vos traits, vous allés voir paroître
Un ſpectacle nouveau.

MOMUS.

Licoris l'ornera ? . .

APOLLON.

De même que Thalie.

MOMUS.

Vous parlerés de votre amour ?

APOLLON.

Vous ſignalerés en ce jour
L'aimable chaîne qui vous lie ?

ENSEMBLE.

Nous verrons qui des deux
Sera le plus heureux.

APOLLON.

Parmi nos jeux divers, on nous prépare encore
Des Ballèts inventés, conduits par Terpſicore.

MOMUS.

A tous vos vers je préfere ses pas.

APOLLON.

Ne voulés-vous jamais que rire ?

MOMUS.

Non, je ne veux jamais que rire.

APOLLON.

L'effroi vole sur vos pas,

MOMUS.

L'ennui vole sur vos pas.

APOLLON.

Ne trouvés-vous des appas
Que dans le fiel de la satire ?

MOMUS.

Je ne trouve des appas
Que dans le sel de la satire.

(*On entend un prélude.*)

MOMUS.

Qui peut troubler un entretien si doux ?

APOLLON.

C'est Thalie ; elle vient ; je la laisse avec vous.

MOMUS.

Un confident discret à propos se retire.

SCENE III.

THALIE, MOMUS.

THALIE.

MOmus dans ce séjour !

MOMUS.

J'y suis rappellé par l'Amour.

Contre l'Amour cessés de vous défendre :
Si vous saviés combien il est doux de s'y rendre,
Du plus fidele amant vous combleriés les vœux.
Ah ! connoissés ses charmes :
Ce n'est qu'en cédant à ses armes
Que l'on peut être heureux.

THALIE.

Momus, il est donc vrai que votre cœur soûpire ?
Est-il possible d'enflâmer
Un Dieu, qu'enchante la satire ?

MOMUS.

Peut-on voir un instant vos yeux, faits pour charmer,
Sans oublier l'art de médire,
Et sans apprendre l'art d'aimer ?
Daignés de mon destin finir l'incertitude . . .

THALIE.

J'aime votre inquiétude,
Elle prouve votre ardeur.
L'amant que la crainte agite,
N'est jamais vain, ni trompeur :

Et douter de ſon bonheur,
C'eſt prouver qu'on le mérite.

MOMUS.

Qu'entends-je ? o Ciel ! quelle félicité
Pour mon amour extrême !
Ah, Thalie !...

THALIE.

Il eſt tems de vous dire que j'aime
Que j'aimerai toûjours.... la liberté.

MOMUS.

Que cet aveu fatal m'inſpire de colere !
Cruëlle ! concevés l'excès de ma douleur !
(*En riant.*)
Vous m'avés prévenu, c'eſt-là tout mon malheur :
Thalie, autant qu'à vous, la liberté m'eſt chere.

THALIE.

Dans cet ingénïeux détour
Des ſuperbes amants je reconnois l'amour.
Les cœurs vains ſont gênés dans leurs ardeurs nouvelles ;
Ils tâiſent les rigueurs que s'attirent leurs feux :
Ils rougiſſent d'être fideles,
Quand ils ne peuvent être heureux.

MOMUS.

Et moi, je reconnois la vanité des belles :

Elles pensent que jamais
L'empire de leurs attraits
Ne peut trouver de rebelles.

THALIE.

Momus, épargnons-nous; il est d'autres sujèts
Plus dignes de nos traits.

ENSEMBLE.

Vous, quivolés sans-cèsse sur nos traces,
Rassemblés-vous, accourés, Ris & Jeux.

SCÈNE IV.

MOMUS, THALIE,
Leur suite, Acteurs François & Italiens.

CHŒUR. (*On danse.*)

Vous, qui volés sans-cèsse sur nos traces,
Rassemblés-vous, accourés, Ris & Jeux.
Fuyés, Amour, fuyés, enchanteur dangereux,
Fuyés; mais laissés-nous les Plaisirs & les Grâces.

THALIE & le CHŒUR.

Loin de nos bois, asiles de la paix,
Portés vos feux, portés vos traits,
Dieu trompeur de Cithere.
Loin, *&c.*
On ne connoît que trop & vous & votre mere;

Vous abusés les cœurs
Par des ferments flateurs,
Que vous ne tenés guere.
Loin, &c.
Votre premier abord fait plaire,
Vous ne présentés que des fleurs;
La rôse, malgré ses douceurs,
Cause souvent une piquûre amere.
Loin, &c.

MOMUS. (*On danse.*)

Dans le choix d'un amant, l'Amour de son bandeau
Couvre souvent les yeux des belles.
Qu'il m'épargne ses traits, qu'il garde son flambeau;
Je ne veux de lui que ses aîles.
Gardons-nous de fixer nos vœux,
Les trop sensibles cœurs ne sont jamais heureux;
Les plaisirs les plus doux sont pour les infideles.

Dans le choix, &c.

CHŒUR. (*On danse.*)

Que votre gloire vous rassemble,
Plaisirs, suivés toûjours nos pas:
Vous n'offrés vos plus doux appas
Que lorsque vous brillés ensemble.

FIN DU PREMIER ACTE.

ACTE

ACTE SECOND.

Le Théâtre représente les bords du Permesse, & un bois de Lauriers.

SCÈNE PREMIERE.

LICORIS, *seule.*

D'UN trait flateur,
L'Amour attaque envain mon cœur;
Il saura résister à ses plus fortes armes.
Ah, quel bonheur!
S'il ne peut être mon vainqueur.
Des chants de mon berger j'admire la douceur,
Sans céder à leurs charmes.

D'un trait flateur
L'amour attaque en vain mon cœur ;
Il ſaura réſiſter à ſes plus fortes armes.
Ah, quel bonheur !
S'il ne peut être mon vainqueur.

SCÊNE II.

MOMUS, LICORIS,

MOMUS, à part.

Un deſir curïeux près d'Apollon m'attire ...

LICORIS.

Que cherche ſur ces bords le Dieu de la ſatire?
L'innocence & la paix habitent ces beaux lieux.

MOMUS.

Je ſuis ſur le Parnaſſe ; où peut-on être mieux,
Quand on aime à médire ?

LICORIS.

C'eſt dans ces bois que les héros
ſont couronnés par Melpomene.

MOMUS.

C'eſt en ſortant d'ici, qu'ils portent ſur la ſcêne
Moins de lauriers que de pavots.

LICONIS.

Momus, rien ne peut vous contraindre ;
Dans vos discours vous ne ménagés rien. . . .
Craignés. . . .

MOMUS.

Qui dois-je craindre ?
Quel pouvoir est égal au mien ?
Si l'Époux de Junon veut allarmer la terre,
Il lui faut les éclats & les feux du tonnerre :
Le trident de Neptune, effroi des matelots,
Déchaîne l'Aquilon, & souleve les flots :
Le tiran des Enfers voit au fond du Ténare,
Cent monstres réunis suivre sa loi barbare ;
La mort vole à sa voix, & sert sa cruauté :
De tous ces Dieux le courroux redouté,
Fait trembler sous leur empire
L'Univers épouventé :
Mais, pour être respecté,
Momus n'a besoin que de rire.

LICORIS.

A quelle beauté dans ces lieux
Soûmettés-vous le cœur du plus puissant des dieux ?
Si vous aimés une Muse,
Votre esprit a des appas,

Et la raillerie amuſe ;
Mais elle n'attendrit pas.

MOMUS, appercevant Apollon.

J'apperçois un berger, qui ſait flater les belles ;
Il n'a pourtant jamais trouvé que des cruëlles.

(*à part.*)

Cachons-nous ; je veux l'écouter,
Et ſavoir le ſuccès de ſes ardeurs nouvelles.

SCÈNE III.

APOLLON, LICORIS, MOMUS, *caché.*

APOLLON.

ME fuirés-vous toûjours ? eh, pourquoi me quitter ?

LICORIS.

Par vos charmants accords vous pouvés m'arrêter.

APOLLON.

C'eſt un ſoin qui m'occupe & me charme ſans-ceſſe :
Je chante vos attraits, je chante ma tendreſſe...
Vous ne m'écoutés pas ? quel mépris rigoureux !

LICORIS.

Je ne veux point entendre
Un langage trop tendre.

APOLLON.

Peut-on allumer tant de feux
Sans ressentir la plus légere flâme ?
Quel prix n'obtiendroient pas mes soûpirs & mes
vœux,
Quel bonheur combleroit mon âme,
Si les parfaits amants étoient les plus heureux !
Quoi, toûjours insensible au feu qui me dévore,
Vous me fuyés encore !
Eh, pourquoi me quitter ?

LICORIS.

Par vos charmants accords vous pouvés m'arrêter.

APOLLON.

J'obéis : le devoir d'une tendresse extrême
C'est d'obéir à ce qu'on aime.

LICORIS.

Rendés d'abord hommage au Souverain des dieux.

APOLLON *chante.*

Les rebelles Titans lui déclarent la guerre ;
Il fait éclater son tonnerre,

Il est déja vengé de ces audacïeux :
Embrâsés, écrâsés, ils tombent sur la terre,
Que leur fureur impie élevoit jusqu'aux cieux.
Ce Dieu puissant, ce Dieu si redoutable,
Se laissoit désarmer par un objet aimable....
S'il eût vu vos attraits...

LICORIS.

Vous devés de Bacchus publïer les bienfaits.

APOLLON.

Chantons Bacchus & son rïant empire ;
Nous devons célébrer son jus délicïeux.
Le feu que sa liqueur inspire,
Rend un mortel égal aux dieux.

La raison vaut bien moins que son charmant délire :
Jamais, comme elle, il ne trompe nos vœux.
Trop souvent sous le mirthe on se plaint, on soûpire ;
Et sous la treille on est toûjours heureux.
Chantons Bacchus, *&c.*
Ignorés vous que le Fils de Séméle
D'Érigone fut le vainqueur ?

LICORIS.

Je sais qu'il devint infidele....

APOLLON.

Il eût été constant s'il avoit eu mon cœur.

LICORIS.

Cessés de me vanter l'Amour & sa puissance ;
Chantés plûtôt Dïane & son indifférence.

APOLLON.

Armons-nous, préparons nos traits,
Suivons le cor qui nous appelle,
Armons-nous, préparons nos traits ;
Ah, que la chasse unit d'attraits !
Imitons l'aimable Immortelle,
Qui trïomphe dans nos forêts....
Armons-nous, *&c.*

Hélas ! cette Déèsse, à l'Amour si contraire,
Cette Déèsse, si sévere,
(LICORIS *sort.*)
Aimoit un berger comme moi...
Ciel ! qu'est-ce que je voi ?

****

SCÈNE IV.

MOMUS, APOLLON.

MOMUS.

Vous voyés le témoin des transports de votre âme,
Et du prix qu'obtient votre flâme.

APOLLON.

Ah, Licoris, quelles rigueurs !

MOMUS.

Vos talents enchanteurs
Sont toûjours sûrs de plaire,

(*On entend un prélude.*)

On vient ; pendant les jeux n'allés pas me distraire.

SCÊNE V.

APOLLON, MOMUS, EUTERPE, Suite D'EUTERPE.

(*Euterpe, ayant ordonné le triomphe de l'Amour, les Dieux & les Héros de l'antiquité, conduits par les Grâces & les Plaisirs, viennent le célébrer.*)

EUTERPE.

CHantés, dansés, amusés-vous,
Goûtés bien des instants si doux.

LE

LE CHŒUR.

Chantons, dansons, amusons-nous,
Goutons bien des instants si doux.

EUTERPE.

Que les jeux vous suivent sans-cèsse,
Et préviennent tous vos desirs;
Laissés trïompher les plaisirs,
Laissés murmurer la sagesse.
Chantés, dansés, &c. (*On danse.*)

EUTERPE.

Le Dieu qu'on adore à Cithere
Donne les jours les plus charmants.

LE CHŒUR.

Le Dieu qu'on adore, &c.

EUTERPE.

Si nous avons d'heureux moments,
Nous les devons à l'art de plaire.
Le Dieu qu'on adore à Cithere,
Donne les jours les plus charmants.
(*On danse.*)

UN SUIVANT D'EUTERPE.

Amour, les Cieux, la Terre & l'Onde,
Tout vous éleve des autels:

Vos traits, vainqueurs du Monde,
Enchantent jusqu'aux Immortels.
Que de vos flâmes
Naîssent de douceurs!
Dieu de nos cœurs,
Daignés sur nos âmes
Toûjours répandre vos faveurs.

Amour, les Cieux la Terre & l'Onde,
Tout vous éleve des autels:
Vos traits, vainqueurs du Monde,
Enchantent jusqu'aux Immortels.

(*On danse.*)

FIN DU SECOND ACTE.

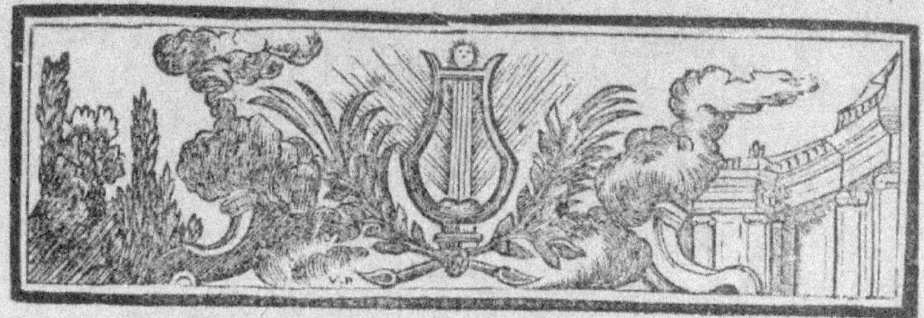

ACTE TROISIEME.

Le Théâtre représente un Jardin, orné pour une fête, avec plusieurs gradins : on voit sur les côtés deux Groupes, l'un représentant la rapidité du Tems ; l'autre, l'Amour pôsé sur un Globe terrestre, soûtenu par les quatre Parties du Monde.

SCÊNE PREMIERE.

MOMUS, habillé en berger.

DANS le bal du double Vallon,
Momus, berger, sera mieux masqué qu'Apollon.
Une seconde fois, près d'un objet aimable,
Offrons de nouveaux soins, dans ce rïant séjour :
Un déguisement favorable
Sert les ris & les jeux, & quelquefois l'Amour.

SCÈNE II.

MOMUS, THALIE, *habillée en bergere.*

MOMUS, à part.

Que vois-je ? Ah, l'aimable bergere !

THALIE, à part.

Que ce maſque eſt galant ! qui l'attire en ces lieux ?

MOMUS, à part.

Quel éclat brille dans ſes yeux !

THALIE, à part.

Il m'obſerve... auroit-il le deſſein de me plaire ?

MOMUS, abordant THALIE.

Le maſque cache en vain la moitié de vos traits,
Il ne peut vous ravir cent conquêtes nouvelles ;
Ce que l'on voit de vos attraits
Suffit pour trïompher des cœurs les plus rebelles.

THALIE.

Céder ſi tôt à nos appas,
Ce n'eſt point augmenter leur gloire :
D'une ſi facile victoire,
Un vainqueur ne s'honore pas.

MOMUS.

Ne point céder eſt une offenſe,
Qui bleſſe la fierté :
Moins on réſiſte à la beauté,
Plus on fait briller ſa puiſſance.

THALIE.

Dans les cœurs, ſitôt enflâmés,
L'inconſtance eſt à craindre ;
Les feux aiſément allumés,
Plus aiſément peuvent s'éteindre.

MOMUS.

Dans les cœurs que vous enflâmés,
Le changement n'eſt pas à craindre ;
L'inconſtance ne peut éteindre
Des feux, par vos yeux allumés.

THALIE.

Entre tous les amants, qui nous rendent hommage,
Comment être ſûr de ſon choix ?
Le cœur fidele & le volage,
En s'expliquant pour la premiere fois,
Se ſervent du même langage.

MOMUS.

Ah ! ne réſiſtés point à mon empreſſement,
Si vous voulés un cœur fidele & tendre.

Craignés de vous méprendre,
Craignés de refuser le véritable amant.

THALIE.

Ah ! ne cherchés point à me plaire,
Si votre amour n'est pas sincere.

MOMUS.

Je vous aime sincerement,
Croyés-en mes soûpirs, & croyés-en vos charmes :
Oui, vos beaux yeux dans ce moment,
Garants de mes transports, condamnent vos allarmes.

THALIE.

Si vous m'aimés sincerement,
J'en croirai vos soûpirs, sans en croire mes charmes.

MOMUS.

Achevés ma félicité,
Ne cachés plus à mon œil enchanté
Ces attraits, dont mon cœur sent déja la puissance.

THALIE.

Dois-je avoir moins d'impatience,
De connoître l'amant qui soûmet ma fierté.

MOMUS, à part.

Momus n'est pas connu d'une simple bergere.

THALIE, à part.

Pour un jeune berger Thalie est étrangere.

ENSEMBLE, se démasquant.

Je puis ôter mon masque sans danger.

THALIE. Momus, o Ciel !

MOMUS. Thalie, o Ciel !

THALIE, en riant.

La méprise est légere !

MOMUS.

Quelle bergere !

THALIE.

Quel berger !

(*Ils sortent en riant.*)

SCÈNE III.

LICORIS, à MOMUS, sortant.

BErger, chanterés-vous dans la nouvelle fête,
Que sur le Parnasse on apprête ?...
Il ne m'écoute pas, il fuit ; quel changement !
Quoi, le mépris succéde à tant d'empressement !
Mais d'où naissent les allarmes
Que me causent ses froideurs ?
De ses talents enchanteurs,
N'ai-je point trop goûté les charmes ?
Ce berger dangereux a su m'accoutumer
A chérir des accents où regne la tendresse...
Comment se défendre d'aimer
L'objet qu'on applaudit sans-cèsse ?
Mais il revient....

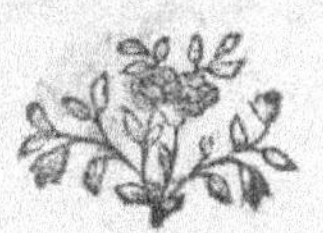

SCÈNE

SCÈNE IV.

LICORIS, APOLLON.

LICORIS, à APOLLON.

PAr une feinte ardeur,
Vous vouliés donc tromper mon cœur?
Je viens de voir votre inconſtance.
Vous reſtés interdit, vous gardés le ſilence.

APOLLON.

Dieux, quel ſoupçon! l'ai-je pu mériter?
Mais quand je changerois, pourriés-vous regretter
L'objet de votre indifférence?

LICORIS.

La douceur de vos chants avoit ſu me charmer,
J'allois peut-être vous aimer.

APOLLON.

M'aimer!... Eh bien, ſi le nom d'infidele
M'attire ſeul votre couroux,
Bergere, déſabuſés-vous:
Non, je ne brûle point d'une flâme nouvelle.
Qui pourroit vous ravir un cœur
Enchaîné par vos nœuds, enchanté par vos charmes?

F

Des beautés, qu'on trahit pour un nouveau vainqueur,
Vous ne dévés jamais éprouver les allarmes.

LICORIS, voyant MOMUS démasqué, qui pâsse au fond du Théâtre.

Que vois-je ? o Ciel ! quoi, c'eſt Momus,
Qui trompoit mes yeux prévenus.

APOLLON.

Croirai-je, Licoris, ce que je viens d'entendre ?
Et me permettés-vous
D'expliquer vos ſoupçons jaloux ?

LICORIS.

Je ne ſaurois vous le défendre,
Mon cœur eſt trop charmé d'avoir laiſſé ſurprendre
Un aveu, qui vous livre aux tranſports les plus doux.

APOLLON.

Vous faites le bonheur de l'amant le plus tendre.

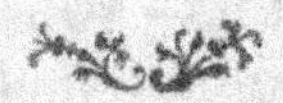

SCENE V.

MOMUS, APOLLON, LICORIS.

MOMUS.

BErgere, vous aimés?.. que je plains votre erreur !
C'est un Dieu déguisé qui vous offre son cœur.

LICORIS.

Son rang n'augmente point le prix de ma victoire,
Et je ne vois de lui que sa fidele ardeur.

MOMUS.

C'est Apollon que vous comblés de gloire :
Craignés son inconstance, en fesant son bonheur.

LICORIS.

Je sens trop de plaisir pour sentir des allarmes.

APLOLON.

Que mon sort a de charmes !
Licoris m'aime, & vient de me le déclarer ;
Ah, Licoris ! daignés le redire sans-cèsse. . . .

LICORIS.

Aimés, vous connoissés le prix de la tendresse ;
Vous la chantés trop bien pour ne pas l'inspirer.

LICORIS & APOLLON.

L'amour m'enflâme,
Pour-jamais :
Il répand dans mon âme
Ses plus doux attraits.

MOMUS.

Terpſicore, offrés-nous vos naïves images
Du tems, des ſaiſons & des âges.

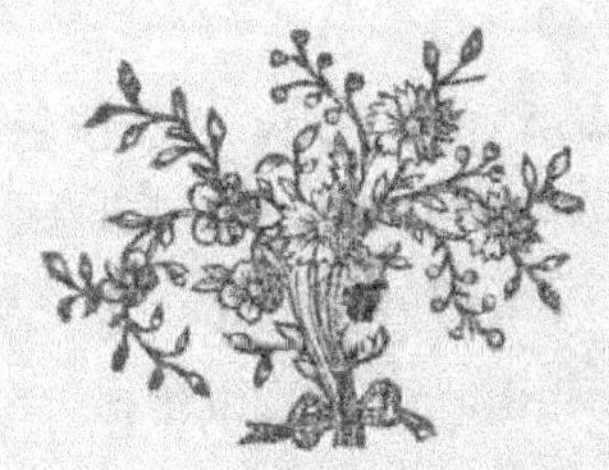

SCÈNE VI.

APOLLON, LICORIS, MOMUS, TERPSICORE, THALIE.

(On danse.)

(Le TEMS, *les* SAISONS, *& les* AGES. *L'Age viril paroît le premier, représenté par des Chasseurs. Ensuite des Masques galants figurent l'Adolescence. Les deux Enfances arrivent ensemble. Ces différents Quadrilles sont conduits par* TERPSICORE.)

LE CHŒUR.

PRofités du tems,
Il s'échappe, il fuit sans-cèsse;
Rien n'egale la vîtesse
Des heureux instants:
Profités du tems,
Souvent perdu par la jeunesse,
Et regretté par la froide vieillesse:
Ses bienfaits ne sont pas constants:
Il paroît long à l'espérance,
Aux ennuis, à l'indifférence;
Il paroît court aux cœurs contents.
Profités du tems, &c.

(On danse.)

Une SUIVANTE *de* TERPSICORE.

Jeunes cœurs, prenés vos armes,
Chassés les monstres des bois.
Les bois n'ont-ils pas des charmes
Pour les dieux & pour les rois ?
Jeunes cœurs, *&c.*

Second Couplet.

Heureux qui se laisse prendre
Dans les piéges des amours !
Quand ils veulent nous surprendre
Ne craignons que les secours.
Heureux qui, *&c.*

(*On danse.*)

Une SUIVANTE *de* TERPSICORE.

Il n'est que deux saisons dans l'amoureux empire:
Tout est hiver, lorsqu'envain on soûpire;
Pour les cœurs contents,
Tout est printems.

(*On danse.*)

Un VIEILLARD, *aux enfants.*

Joüés, enfants; imités les zéphirs,
Errants dans un bocage:
Heureux, trop heureux âge!
Les ris & les jeux seuls regnent sur vos desirs,

Vous goûtés un ſort qu'on envie :
Danſés, amuſés-vous ;
Profités des inſtans les plus chers de la vie :
Ah, nos premiers plaiſirs ſont toûjours les plus doux !

(*On danſe.*)

Une VIEILLE.

Mortels, que le plaiſir diſpôſe de vos ans ;
Que, malgré la raiſon, il trïomphe ſans-cèſſe :
Il accroît les beaux jours de l'aimable jeuneſſe,
Et, juſques chés l'hiver, il conduit le printems.

THALIE & le CHŒUR.

Liberté charmante,
Regnés à-jamais ;
Que toûjours on chante
Vos divins attraits.

Sous vos loix on ne reſpire
Que la paix & la douceur,
Ce n'eſt que dans votre empire
Qu'on trouve le vrai bonheur.
Liberté charmante, *&c.*

(*Un Divertiſſement général termine l'Opera.*)

FIN.

APPROBATION.

J'Ai lu, par ordre de Monseigneur le Vice-Chancelier, cette nouvelle Édition du Ballet intitulé *le Carnaval du Parnasse*. A Paris, ce 16 Avril 1767.

DEMONCRIF.

www.ingramcontent.com/pod-product-compliance
Lightning Source LLC
LaVergne TN
LVHW020628110826
845149LV00004B/1081

* 9 7 8 2 3 2 9 2 3 9 6 9 9 *